EN CHASSE PATATE

PETIT LEXIQUE IMPERTINENT DU CYCLISME

À Tityves,
parti en chasse-patate

EN CHASSE PATATE

PETIT LEXIQUE IMPERTINENT DU CYCLISME

ERWANN MINGAM

SOLAR

-Goetze
PORTRAITS D'ART
PICOCHE
PARIS-XVe
Téléphone : VAUG.

SOMMAIRE

IAM
IAM
IAM
IAM

1

PARTIR EN CHASSE-PATATE

Qualifie le coureur sorti du peloton juste après la bonne attaque et juste avant le groupe de contre-attaquants. Bref, un peu trop tôt et un peu trop tard. Continuant son effort désespéré, il se retrouve isolé, intercalé entre les fuyards et les poursuivants, seul, nez au vent, sans la moindre caméra de France Télévisions. Après avoir pédalé dans l'huile, le coureur parti en chasse-patate, bouilli, finira de toute façon par se faire sauter – sur la ligne.

ON DIT :

« On partait surtout en chasse-patate derrière les Domo-Farm Frites. »
Les Lotto

ON DIT AUSSI :

« Je partais en chasse-patate, et après la course, le soigneur me disait : "Allez, au bain, Marie." »
Thierry Marie

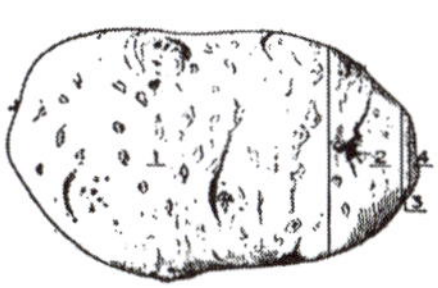

« Je fais partie du gratin du Dauphiné. »
Charly Mottet

« T'as plus qu'à partir en chasse, patate ! »
Richard Virenque à Claudio Chiappucci à Agrigente en 1994

« C'est pas moi qui pars à contretemps, c'est tous les autres. »
Sylvain Chavanel

« Remettez-moi des patates, je pars en chasse. »
Jan Ullrich

2

EN DANSEUSE

Position caractéristique du coursier qui se place debout sur les pédales, et s'étend vers le ciel à la manière d'une danseuse. Elle est en général l'apanage des grimpeurs, se hissant pour placer une attaque imparable dans le lacet le plus abrupt. L'exception est Miguel Indurain, que sa pudeur devait empêcher de se mettre en danseuse pour éviter que l'on ne voie son séant, et qui montait en écrémant par l'arrière : au train. Ainsi, même si le charme opéra, il tira peu.

ON DIT :

« Je peux vous dire, dans Paris-Roubaix, Ballerini, c'était pas une danseuse ! »
Gilbert Duclos-Lassalle

ON DIT AUSSI :

« Tout a commencé avec une douleur aux valseuses. »
Lance Armstrong

« Ma carrière était plus en dents-de-scie qu'en danseuse. »
Gino Bartali

« Je faisais des pointes à 100, 120. »
Mario Cipollini

« Quand j'étais chez Caisse d'Épargne, on m'appelait "Casse-Noisettes". »
Alejandro Valverde

« Le CLM du lac a été mon chant du cygne. »
Lance Armstrong à Annecy en 2009

3

L'ÉCHAPPÉE FLEUVE

Désigne une équipée au long cours, qui se forme dès le kilomètre zéro, dure deux cents bornes et échoue à la flamme rouge face au retour des équipes de sprinters qui ont mis en route*. Les échappées fleuve sont souvent le fait de porteurs d'eau ou de poissons-pilotes. Étrangement, le spécialiste n'était pas Roger Rivière, mais plutôt Durand, du temps où il s'appelait Jacky. L'archétype est celle d'un coureur breton qui, avec Chiappucci, Maassen et Bauer lors du Tour 1990, illustra à merveille la maxime des échappées fleuve : ô, Pensec, et à l'eau.

ON DIT :

« Quand je pars dans une échappée fleuve, je fais mes quarante berges. »
Jens Voigt

ON DIT AUSSI :

« Dans une échappée fleuve, je me sens dans mon élément. »
Pascal Poisson

« Moi aussi, mais à contre-courant. »
Benoît Salmon

« Une échappée fleuve ? Mais j'ai pas pied ! »
Samuel Dumoulin

« Quelqu'un sait pourquoi toutes mes échappées fleuve tombent à l'eau ? »
Filippo Simeoni

« Je partais dans les échappées au fil d'Heulot. »
Julien Simon

* Désigne une autre petite expression impertinente du cyclisme.

ESSO

4

LES MAINS SUR LES COCOTTES

Illustre une position du cycliste, qui place ses mains vers le haut du guidon, à la jonction avec les poignées de frein. Cela trahit une certaine désinvolture, voire un dilettantisme, comme on n'en voit guère qu'au cours de la dernière étape du Tour – sauf quand Jean Robic décide d'aller gagner ce jour-là. Il faut toutefois demeurer vigilant, lorsque l'on garde les mains sur les cocottes, à ne pas passer sur un nid-de-poule, ni à se prendre le bec sur une route de crête.

ON DIT :

« Oui, j'avais souvent les mains sur les cocottes. »
Adrie van der Poule

ON DIT AUSSI :

« Le premier cycliste qui me fout les mains dessus, c'est pas compliqué : je le castre. »
Rory Kockott

« Ce sont les poulets qui m'ont mis la main dessus. »
Willy Voet

« J'ai les mains sur les cocottes, minute ! »
Hugo Koblet se repeignant

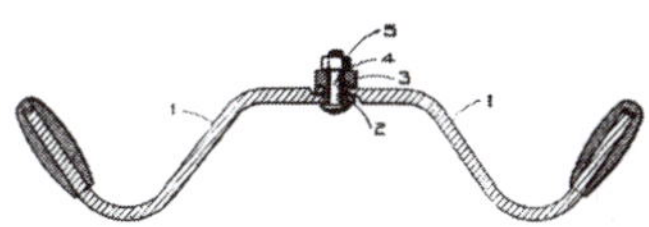

« Viens Poupou, viens Poupou, viens… »
Jacques Anquetil

« J'ai mis la main sur les cracottes. »
Jan Ullrich

WOLBER
WOLBER

5

LE BON DE SORTIE

Sésame poliment délivré par le taulier du peloton au valeureux équipier, 122e à 1 h 45, dans l'étape de transition* entre Limoges et Poitiers. Le quidam sort du peloton en espérant entrer dans l'histoire. Étant sa seule issue, le bon de sortie lui évite d'être mauvais d'entrée. Ensuite, pour peu qu'il soit aussi le régional de l'étape*, il va claquer la bise, à défaut de la victoire, avant de rentrer dans le rang – et dans le peloton.

ON DIT :

« Même quand j'ai des bons de sortie, je préfère rester. »
Cadel Evans

ON DIT AUSSI :

« Tiens, Johan Le Bon est de sortie. »
Marc Madiot

« J'ai jamais eu de bon de sortie, mais quand j'étais chez Castorama, j'avais des bons d'achat. »
Jean-Cyril Robin

« Lance, c'était à la fois le bon, l'abrupt et le truand. »
Johan Bruyneel

« Étant au service de Sa Majesté, je suis à Bond assorti. »
Christopher Froome

« Plus je sors, moins je suis bon. »
Andy Schleck

6

L'ENFER DU NORD

Sobriquet attitré de Paris-Roubaix, l'Enfer du Nord révèle à merveille la nature profonde de cette course d'exception : située au nord (tout au moins si l'on prend Paris ou Châteauroux comme centre, car, si l'on se réfère à Oslo, c'est carrément au sud), et infernale de dureté. Trouée d'Arenberg, carrefour de l'Arbre, secteurs pavés, l'Enfer du Nord est redouté par les plus grands coureurs, même Bernard Hinault. Dantesque, la course pour laquelle, en 1950, se damna Fausto, consacrera un jour Peter Satan.

ON DIT :

« J'ai gagné plus souvent la Route du Sud que l'Enfer du Nord. »
Thomas Voeckler

ON DIT AUSSI :

« Bien qu'étant du Nord, j'ai vécu l'enfer. »
Franck Vandenbroucke

« L'enfer est pavé de bonnes intersections. »
Roger de Vlaeminck

« Et les 4 Jours de Dunkerque, c'est quoi, le Purgatoire du Pas-de-Calais ? »
Freddy Maertens

« En gagnant l'Enfer du Nord, je pensais passer à l'Ouest. »
Andreï Tchmil

7

LA FRINGALE

Symptôme redouté des coureurs, la fringale est ce soudain état d'épuisement consécutif à une absence d'alimentation, d'hydratation, ou au fait que l'on vient de voir passer Marco Pantani. Jusqu'alors fringant, mais soudain flingué, le grimpeur saisi d'une fringale dans un col semble arrimé au bitume, tel Hinault vers Superbagnères en 1986 ou Andy Schleck dans Hautacam en 2008. Chacun se prémunit à sa manière, Bahamontes en mangeant une glace en haut des cols, Beloki en prenant une tarte en bas.

ON DIT :

« J'ai toujours eu peur que, pris d'un coup de fringale, le Cannibale me bouffe. »
Bernard Thévenet

ON DIT AUSSI :

« Mais il se sert jamais de ses freins, Gaul ? »
Raphaël Géminiani

« Chez Casino, on jouait tout sur la martingale, mais on restait sur notre faim. »
Vincent Lavenu

« Quand j'ai une fringale ? Hop, un bon steak. »
Alberto Contador

« Et moi un Bo Hamburger. »
Jesper Skibby

GIANT

8

GAGNER D'UN BOYAU

Qualifie une victoire remportée d'extrême justesse, au bout du sprint, dans un écart si infime qu'il ne représente pas plus de l'épaisseur d'un boyau de bicyclette. L'expression est déclinable en fonction de l'écart entre le second et le vainqueur, qui peut l'emporter d'un boyau (Duclos-Lassalle à Roubaix en 1993), d'un pneu (au pire, Elli, au Midi Libre 1997) ou d'une chenille de tank (Cavendish à peu près partout). En vérité, le gagnant l'emporte avec ses tripes et met ses rivaux abats.

ON DIT :

« Nos luttes intestines
ne nous empêchaient pas
de gagner d'un boyau. »
Arnaud Démare et Nacer Bouhanni

ON DIT AUSSI :

« J'ai perdu d'un boyau,
et ça fait mal au cul. »
Laurent Fignon en 1989

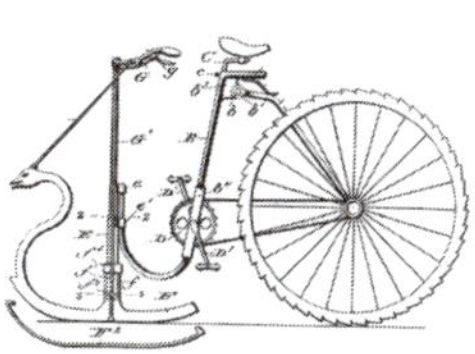

« J'ai gagné d'un Boyer. »
Roger Legeay
au Giro 1990

« On a regagné l'hôtel
à cause d'un petit problème
de boyaux. »
Les PDM au Tour 1991

« J'ai gagné d'un boyau
à l'issue d'un col long,
dans un duo d'énormes
– et sous la grêle. »
Luc Leblanc
à Hautacam en 1994

sky
sky
PORTE

9

LE CAPITAINE DE ROUTE

Désigne un coureur expérimenté, roué, madré, bref, qui pense déjà à sa reconversion comme directeur sportif. Loin du niveau des leaders, il est sélectionné eu égard à ses états de service et à sa science de la course*. Il lui arrive toutefois de profiter d'un malentendu ou d'un moment de flottement pour aller claquer* un Paris-Camembert ou une Route Adélie à la barbe des bleubites. Non mais.

ON DIT :

« J'obéissais toujours à mon capitaine, même s'il était loin au général. »
Marc Sergeant

ON DIT AUSSI :

« Chez Cofidis, j'étais surtout le capitaine des déroutes. »
Stéphane Augé

« Ils sont tous partis devant. Moi, je suis le capitaine abandonné. »
David Millar

« Chez PDM, j'étais le capitaine de Rooks. »
Gert-Jan Theunisse

« Captain O'Grady est un haut gradé. »
Simon Gerrans

SPRINT
Le match de la Vie
L'IMPENETRABL
VIETTO

10

LE GREGARIO

Sobriquet classieux désignant un équipier, un porteur d'eau, un besogneux. Indispensable à son leader, le gregario lui convoie les bidons, l'abrite du vent, lui prête sa roue, voire son vélo, comme le fit l'exemplaire René Vietto pour Antonin Magne durant le Tour 1934. Promis à l'anonymat, le gregario éclate parfois en pleine lumière, presque par hasard, tel Eros Poli déployant son double mètre en haut du Ventoux. Et pourtant, Eros rama à sortir.

ON DIT :

« Greg m'a pris pour son gregario ou quoi ? »
Bernard Hinault en 1986

ON DIT AUSSI :

« Aujourd'hui, t'es mon gregario, Moreno. »
Joaquim Rodriguez à Dani Moreno

« Si t'es gregario, n'oublie pas de monter là-haut. »
Mario Cipollini à Eros Poli en 1994

« Ou alors, c'était à l'insu de mon plein gré, Mario. »
Erik Zabel à Mario Cipollini

« Un gregario, ça va. Di Grégorio, bonjour l'AMA. »
Yvon Sanquer

2013 - ARRIVÉE
Vittel
FESTINA
GreenEDGE

CT CORSE
2 3
FESTINA
CHIO > E
FESTINA
Vittel
Vittel
ORICA
Carrefour
Carrefour
ŠKODA
LCL

SOUDAL
NetApp

11

LES COUPS DE BORDURE

Stratagème mis en place par une équipe, profitant d'un fort vent latéral pour accélérer brusquement et provoquer des cassures, afin de distancer ses adversaires. Les coureurs se retrouvent disposés en éventail – surtout les Espagnols de Sevilla. Provoquer une bordure requiert une véritable science de la course*, et une maîtrise du vent digne des plus grandes analyses de Daniel Lauclair. Les lâchés, comme toujours en Bordurie, finissent Tintin.

ON DIT :

« Les coups de bordure m'ont débordé. »
Christopher Froome à Saint-Amand-Montrond en 2013

ON DIT AUSSI :

« J'ai testé et je peux vous le dire : les pavés ont le bord dur. »
Christopher Froome à Arenberg en 2014

« Oh, c'est joli, cette bordure de ravin ! »
Johan Bruyneel en 1996

« Paris-Bordeaux, c'était *border*. »
Raphaël Géminiani à Jacques Anquetil en 1965

« Mais vous allez la faire, cette bordure, bordel ? »
Bjarne Riis aux CSC

« Le Père Noël est une bordure. »
Mark Cavendish en 2013

12

PASSER LES COLS

Désigne l'aptitude d'un non-grimpeur à atteindre néanmoins le sommet d'une montagne, de deux, de trois, puis de redescendre (sinon, ça ne sert à rien), afin de terminer les étapes alpestres ou pyrénéennes dans les délais et de rester en lice pour le maillot vert. Son allure, tête basse, tassé au sein du gruppetto, ahanant, résigné, évoque la transhumance des ovins passant les cols. Au sein de ce troupeau se distingue parfois, comme en 2011, un mouton Cadel.

ON DIT :

« La dernière fois que j'ai passé un col, c'était à ma naissance. »
Mario Cipollini

ON DIT AUSSI :

« Je passe mieux l'école que les cols. »
Jérémy Roy

« Mince, j'ai dépassé les cols. »
Riccardo Ricco

« À part celui du fémur, je n'ai jamais cassé les cols. »
Philippe Gaumont

« Grâce à son déclassement, j'ai passé Kohl. »
Denis Menchov en 2008

13

TIRER UN BOUT DROIT

Fait de prendre un relais extrêmement appuyé en tête du peloton ou d'un groupe de coureurs, souvent pour préparer l'attaque d'un leader. Ce dernier, s'il ne lâche pas le morceau, met les bouts, tient le bon bout et va au bout. Pendant ce temps, l'équipier, à bout, a le droit de s'étirer. Dans Paris-Roubaix, tous ceux qui se tirent ont droit à la boue. Un tireur de bouts droits peut finir par sprinter de biais, à l'instar de Djamolidine Abdoujaparov.

ON DIT :

« Quand j'ai vu mon coude, j'ai remis les bouts droits. »
Joseba Beloki en 2003

ON DIT AUSSI :

« Tiens, j'ai retrouvé un bout de moi. »
Luis Ocaña en 1971

« Je tire des bouts droits, mais je n'aurais jamais pu jouer au tennis. »
Julien Simon

« Je tire des coups droits, mais je n'aurais jamais pu jouer au Theunisse. »
Gilles Simon

« Vu comment déraille l'AMA, j'ai cru avoir attiré un Bouddha. »
A-Lhassa-ndro Ballan

« J'ai tiré un Boudoir. »
Jan Ullrich

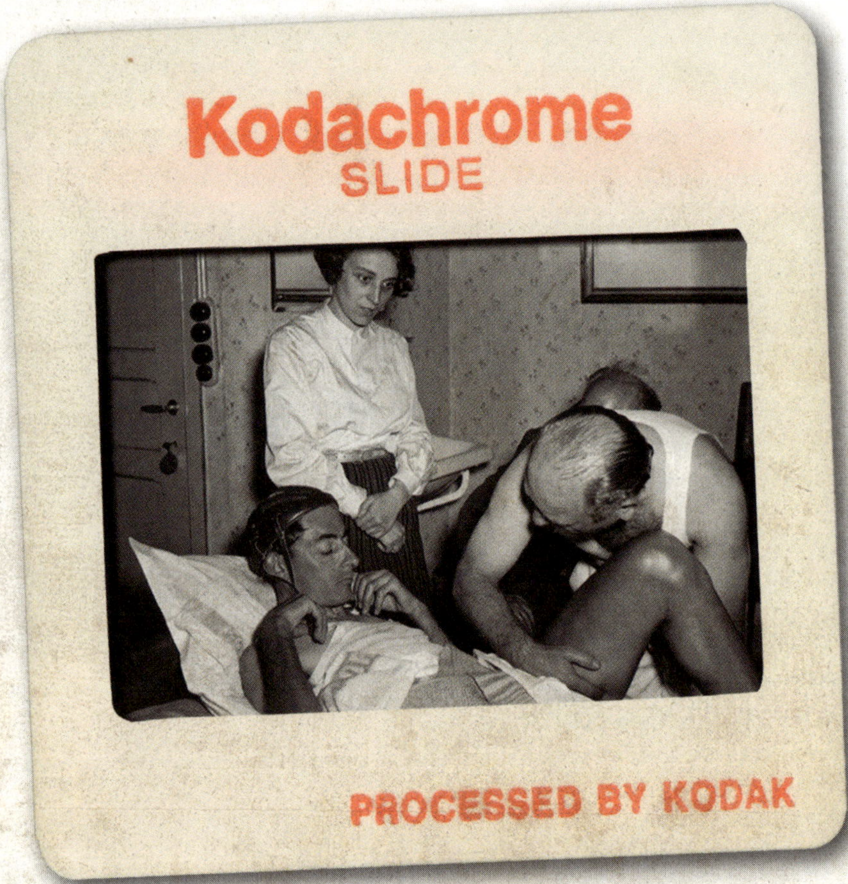
Kodachrome
SLIDE
PROCESSED BY KODAK

14

LES GROSSES CUISSES

Surnom traditionnel des purs sprinters, à l'instar des « funambules », des « finisseurs » ou des « contemplateurs de cuissard de Cavendish ». Paradoxalement, l'expression désigne également l'état de coureurs qui n'ont pas suffisamment récupéré d'un effort soutenu et dont l'acide lactique gonfle encore les quadriceps. À l'inverse, les mollets de coq de Rasmussen lui valurent le sobriquet de « Chicken », auquel il fit honneur en démontrant qu'il était surtout un poulet aux hormones.

ON DIT :

« Après Gérardmer,
on m'a surnommé
Blel ou la cuisse. »
Blel Kadri

ON DIT AUSSI :

« Ah non, les miennes
sont tout le temps comme ça. »
Arnaud Tournant

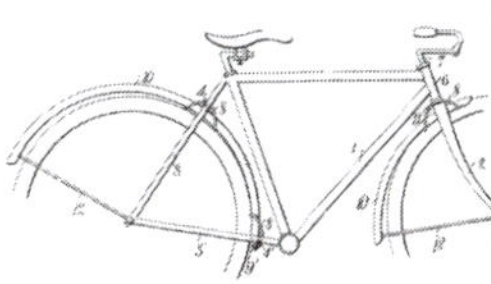

« J'avais aussi
une grosse vessie. »
Michel Pollentier

« J'ai un gros fémur
de Grammont. »
Fabian Cancellara

« J'aime les grosses cuites. »
Andy Schleck

« De canard,
alors, avec des pommes
sarladaises. »
Jan Ullrich

Saunier
Duval
VAILLANT GROUP
SCOTT

15

UNE CHAUDIÈRE

Métaphore (encore que) désignant un coureur chargé comme une mule, au point de ne pas sentir chauffer les cuisses en mettant le feu aux échappées – ce qui jette un froid dans le peloton. Le suiveur note l'ironie qu'il y eut à baptiser Saunier-Duval, marque de chaudières, une équipe qui comptait en ses rangs Riccardo Ricco et Leonardo Piepoli, emblèmes zélés de leur sponsor.

ON DIT :

« Depuis que Lance est entré dans le Pullman, j'ai dû mettre la clim à fond. »
Johan Bruyneel

ON DIT AUSSI :

« Riis, vu qu'il était très froid et que c'était une chaudière, on l'appelait "le Mitigeur". »
David Moncoutié

« À force d'exploser les watts, j'ai préféré mettre un terme aux stats. »
Lance Armstrong

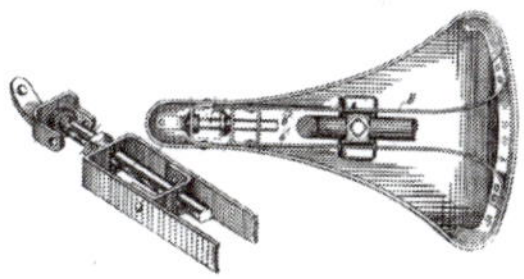

« Vous avez vu le sang-froid du Vichot d'hier ? »
Marc Madiot au lendemain des championnats de France 2013

« Ce n'est pas parce que je m'allume à la flamme rouge que je suis une chaudière. »
Jelle Nijdam

« Vous n'allez tout de même pas m'accuser d'être une chaudière ! »
Dario Frigo

MIKO
BiC
MIKO
BiC
TROP

16

AVOIR LA PANCARTE

Se dit du coureur ultra-favori d'une course d'un jour, souvent une classique, tel Museeuw au Tour des Flandres. Au premier démarrage, il devient *ipso facto* la roue à prendre – ou à sucer*, tant il est vrai que l'on ne concède pas de relais au gars qui a la pancarte. Aussi ses adversaires le surveillent-ils de très près, ce qui ne les empêche pas de tomber dans le panneau. Le coureur à la pancarte se retrouve alors en haut de l'affiche.

ON DIT :

« J'ai laissé la pancarte à Planckaert. »
Steve Bauer à Roubaix en 1990

ON DIT AUSSI :

« Non, j'ai pas l'écriteau, j'ai l'hématocrite haut. »
Riccardo Ricco

« J'ai tellement de pancartes en bois qu'on m'appelle "le Carrefour de l'arbre". »
Fabian Cancellara

« T'as déjà la pancarte, et si c'est pas assez, ben il t'rest'ra l'ardoise. »
L'ardoisier à Jeff Bernard

« J'ai le pancake. »
Jan Ullrich

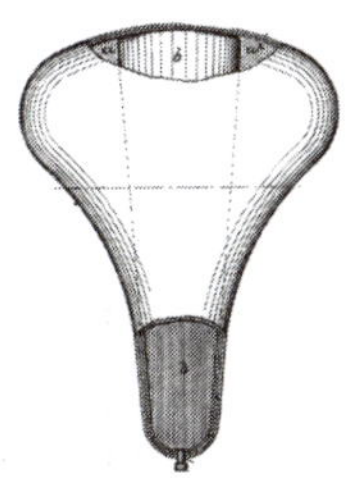

17

FAIRE LE DÉPART

Qualifie le coureur qui, dès le drapeau baissé, au kilomètre zéro, place un démarrage foudroyant et s'échappe seul. Il fait l'effort, un écart, le trou, un sacré numéro (© Thierry Adam), de la résistance, un signe à sa voiture, puis il faiblit, fait l'élastique, l'objet de la poursuite, peine à voir. Ce baroud d'honneur étant souvent vain, le coureur qui fait le départ sera défait à l'arrivée. Ce ne sont donc pas toujours les meilleurs qui partent les premiers.

ON DIT :

« Ah bon ? Pour moi, faire le départ, ça voulait juste dire arriver à l'heure au prologue. »
Pedro Delgado

ON DIT AUSSI :

« Je fais le village-départ. »
Laurent Luyat

« Je me suis fait Démare. »
Nacer Bouhanni aux championnats de France 2012

« Tu veux faire le départ ? Eh ben, on n'est pas arrivés ! »
Jack Bauer à Martin Elmiger au Tour 2014

« À vous, Marc ! Prêt, Bardet ? »
Thibaut Pinot à Marc Madiot au Tour 2014

« Qui en veut ? J'ai fait des parts. »
Jan Ullrich

18

PRENDRE L'AUTOBUS

Sort peu enviable des coureurs attardés lors des étapes de montagne, qui se regroupent dans un peloton nommé « l'autobus », ou encore « le gruppetto ». S'y réunissent les coureurs de plat – les routiers sprinters, les malades, les blessés, et Floyd Landis un jour sur deux. Leur but est d'arriver tous ensemble, et dans les délais, contrairement à une bonne partie des lignes de bus en France. À ne pas confondre avec le car scolaire, bien qu'il desserve les cols.

ON DIT :

« Éric ? Il est dans "l'autobus", et moi dans le car itou. »
Jaan Kirsipuu chez Chazal

ON DIT AUSSI :

« Chanteur, si t'es champion, appuiiiie, appuiiiie... »
Vincent Lavenu à Pascal Chanteur

« Moi, j'ai pris directement la voiture qui passait. »
Mark Cavendish sur l'Etna en 2011

« Joop ! J'suis dans la soute, mec ! »
Jan Raas

« J'aurais été mieux dans le gruppetto que dans le Groupement. »
Luc Leblanc

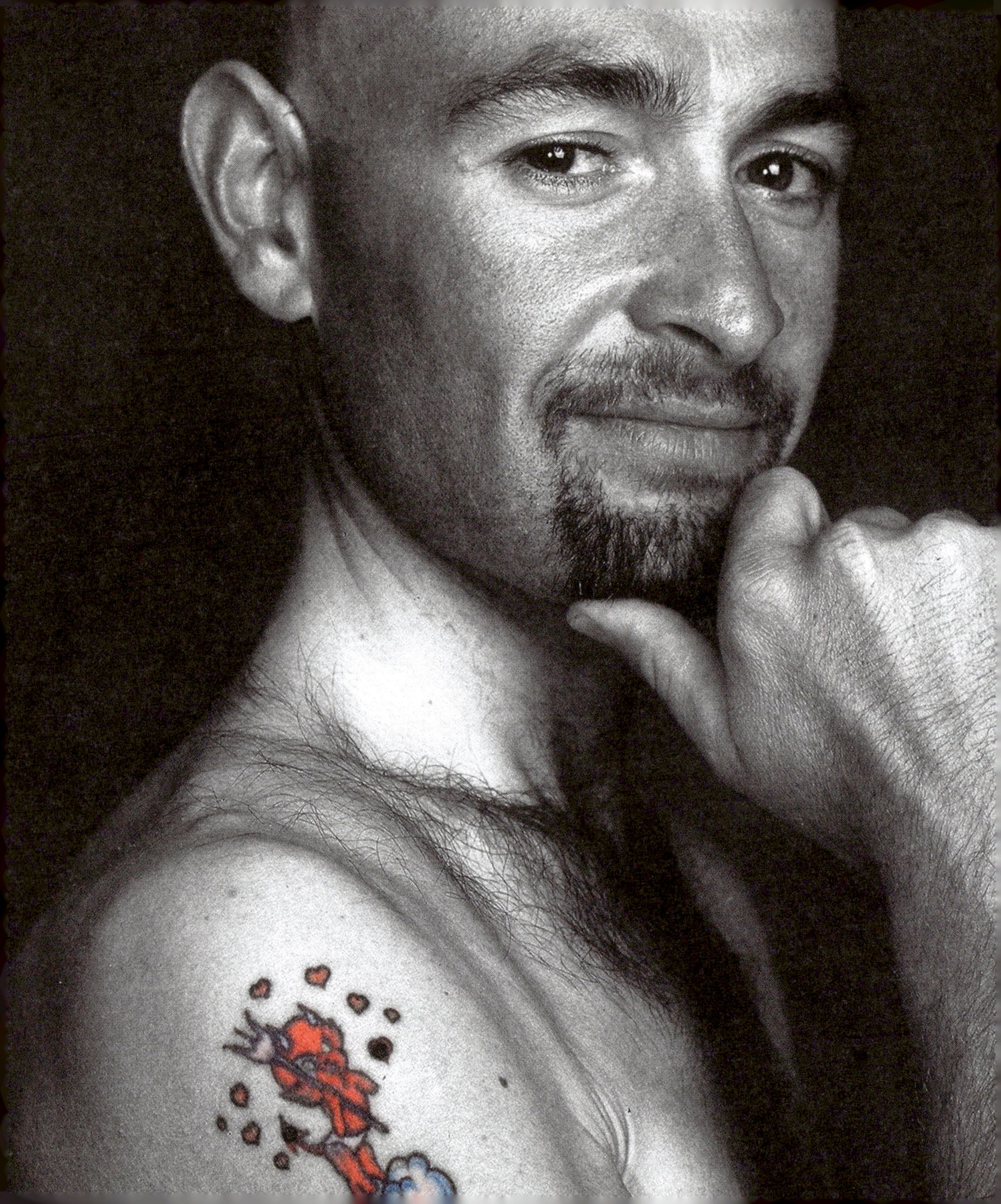

19

PÉDALER AVEC LES OREILLES

Marque l'attitude caractéristique du coureur qui, inélégant par nature ou éreinté par l'effort, adopte une position disgracieuse sur le vélo, hochant la tête en puisant dans ses forces. L'exception est bien sûr Marco « Elefantino » Pantani, que ses proéminentes oreilles n'empêchaient pas de pédaler vers les sommets – mais que de sinistres sirènes ont fini par assourdir. Ne pas confondre « pédaler avec les oreilles » et « pédaler avec les oreillettes », ce qui est tout de même moins rigolo à visualiser.

ON DIT :

« Je pédalais avec les deux oreilles et la queue. »
Philippe Leleu

ON DIT AUSSI :

« C'est à force de pédaler avec les oreilles que je n'entendais plus les bas sons. »
Lance Armstrong

« Mieux vaut piloter avec Loeb que pédaler avec les oreilles. »
Daniel Elena

« Je pédale avec mes boucles d'oreilles. »
John Gadret

« Je pédale avec les Portugaises. »
Rui Costa

« Je pédale avec les oreillons. »
José Joaquin Rougeole

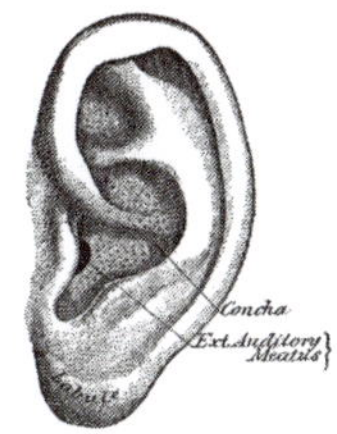

Costa
LOOK
KELME

20

ENRHUMER

Mettre à mal ses rivaux en réalisant, à leurs nez et barbe, un démarrage foudroyant. Les adversaires distancés sont mouchés et morveux. Aussi vrai qu'un bon rhume met K.-O., celui qui enrhume ses concurrents assomme la course*. D'ailleurs, lorsque l'enrhumeur est lancé, on ne sait plus d'où il est parti, mais plus personne ne peut l'arrêter. Tout comme Bernard Rhino.

ON DIT :

« C'est quand je les ai enrhumés qu'ils m'ont pris en grippe. »
André Grippel

ON DIT AUSSI :

« Indurain m'a tellement enrhumé qu'on m'appelait Atchoum. »
Tony Rominger

« J'ai pris un courant d'Eire. »
Sean Kelly

« Du rhume, des fans,
et mon Pierre comme un dieu :
Bernau-au-au-deau,
on n'a rien trouvé d'mieux. »
Thomas Voeckler en 2011

« J'vais tous vous enrhumer. »
Jonathan Hivert

ASTANA
lampre

GEOX
TMC
108
GARMIN
213
QUICK·STEP
QUICK·STEP
QUICK·STEP

21

L'ÉTAPE DE TRANSITION

Qualifie une étape dont le monde se cogne, coincée entre l'enchaînement de cinq cols et le chrono individuel en Vendée. Reliant deux villes plates, on la dit propice aux baroudeurs, mais en réalité les équipes de sprinters la contrôlent, reprennent les échappés sous la flamme rouge et Cavendish gagne. Lorsqu'elle vire à la purge, on parle d'étape de transit.

ON DIT :

« Ah non, je n'ai pas profité de l'étape de transition pour transiger celle du lendemain. »
Alexandre Vinokourov

ON DIT AUSSI :

« Le départ est donné... et sans transition, voici l'arrivée ! »
Thierry Adam

« Une étape de transition ? Super ! Demain, j'attaque. »
Cadel Evans

« Pendant l'étape, j'étais transi. »
Nairo Quintana au Giro 2014

« J'ai fait pas mal d'étapes de transfusion. »
Tyler Hamilton

SAXO
ТИНЬКОФФ
Tinkoff
Tinkoff-SAXO
VOSGES

22

METTRE EN ROUTE

Qualifie l'attitude collective d'une équipe qui décide d'accélérer soudainement l'allure en tête du peloton, soit pour rattraper les échappés mis en doute, soit pour semer des attardés mis en déroute. Sous l'impulsion, le peloton s'étire, la moyenne s'étoffe, et les traînards s'étouffent. Au bout du compte, l'écart s'amenuise, les contres s'amorcent et Cavendish s'amuse.

ON DIT :

« Avec les oreillettes, on peut émettre en route. »
Patrick Lefévère

ON DIT AUSSI :

« Tu es mon maître en route. »
Raymond Poulidor à Jacques Anquetil

« Je vous jure que je n'ai pas mis mon vélo en route dans le mur de Grammont. »
Fabian Cancellara en 2010

« C'est l'épaule que je me suis démise en route. »
Sylvain Chavanel au Tour 2011

« Bon, Pensec, Maassen, Chiappucci et Bauer ont 56 minutes d'avance, qu'est-ce qu'on fait, on met en route ? »
Tous les sprinters en 1990

PASCAL SIMON
castorama
castorama
castorama

23

VISSER

Pratique d'une équipe qui accélère brusquement le rythme en tête du peloton, en mettant à mal ses rivaux, afin que ces derniers dévissent au classement. Tandis que les rouleurs martèlent le rythme, les adversaires sont pris dans l'étau, à l'exception des Castorama, outillés pour visser. La Deutsche Telekom aimait ça, visser allemand. Pour certaines équipes, dont la vis est la vertu, il arrive toutefois que les soigneurs finissent écroués.

ON DIT :

« Lance,
j'ai envie de visser. »
George Hincapie

ON DIT AUSSI :

« J'ai plus de chances de remporter le Tour de France que la Coupe Davis. »
Jo-Wilfried Tsonga

« En attendant que le Tour ne visse, Da Cruz s'y forme. »
Marc Madiot

« Quand on visse, seul John perce. »
Les coéquipiers de Gadret

« Qu'est-ce qu'il tord, Hushovd ! »
Edvald Boasson Hagen

« Tu peux visser, c'est Dekker. »
Michael Boogerd

Banesto
champion

24

LA GICLETTE

Qualité du coureur capable de jaillir d'un seul coup, sèchement, et de distancer rapidement ses poursuivants. Sur le Tour 1993, c'est grâce à sa giclette que Rominger lâcha Indurain – et Jaskula. Qui n'a pas imaginé un beau Zaugg gicler sur Fofonov dans le Glandon ? Les gicleurs sont en général dotés d'un gros moteur qui leur permet de carburer. Au final, il conviendrait d'attribuer à leur spécialité le noble nom de « giclisme ».

ON DIT :

« Quand Pantani attaquait, sa giclette, c'était la perfection au masculin. »
Marco Velo

ON DIT AUSSI :

« Oui, ça a bien giclé. »
Bernard Hinault montrant son nez en 1985

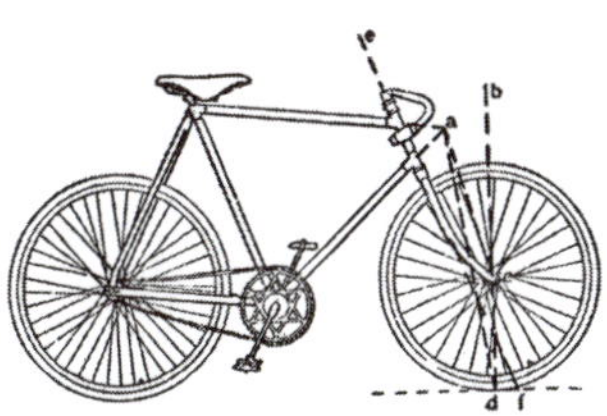

« En montagne, j'utilise plutôt la moulinette. »
Christopher Froome

« On a tous été éclaboussés. »
Les Festina en 1998

« Je n'avais aucune giclette, mais qu'est-ce que je prenais comme raclette. »
Jan Ullrich

25

SUCER LA ROUE

Pratique honnie des échappées, consistant à rester à l'abri derrière le coureur de tête, ne passant aucun relais, profitant de l'aspiration. Le suceur de roue invoquera la présence de son leader à l'arrière, ou l'amorce d'une fringale*, toujours une bonne raison pour se planquer. Il prétendra alors que sucer la roue n'est pas tromper. L'unique solution est d'avoir la giclette* pour décramponner le suceur.

ON DIT :

« J'ai sucé tellement de roues que j'ai encore le goût de la gomme. »
Denis Menchov

ON DIT AUSSI :

« Non seulement il me suçait la roue, mais en plus il me pompait l'air. »
Bernard Hinault
à propos de Joop Zoetemelk

« Bradley a beau me sucer la roue, j'aspire à mieux. »
Christopher Froome en 2012

« À défaut de sang, je suçais la roue. »
Zenon Dracula

« Sea, sex and Sojasun. »
Stéphane Heulot

« Mais puisque je vous dis que ce n'est pas mon diminutif ! »
Pierre Larrouturou

Edité par

LE PNEU CONTINENTAL

Participera aux grandes épreuves

en 1914

SUR PNEUS CONTINENTAL

Bicyclette Automoto

26

LE RÉGIONAL DE L'ÉTAPE

Coureur originaire du coin où passe le peloton ce jour-là, ce qui confère au coursier un supplément d'âme et une demi-page dans *L'Équipe*, où il confie avoir escaladé 307 fois la côte de deuxième catégorie située devant la maison de son papy. Le jour dit, il s'échappe s'il obtient un bon de sortie*, puis s'efface plus vite que son nom sur le bitume. Quand il allait au bout, Blondin parlait du Régional de l'épate.

ON DIT :

« On leur faisait croire qu'on était les Régionaux de l'étape de Dijon à Morlaix. »
Thierry Bourguignon et Lylian Lebreton

ON DIT AUSSI :

« Aujourd'hui,
je suis le Régional de l'étape. »
Thomas Voeckler en Vendée

« Aujourd'hui,
je suis le Régional de l'étape. »
Thomas Voeckler en Alsace

« Aujourd'hui,
je suis le Régional de l'étape. »
Thomas Voeckler à la Martinique

« Aujourd'hui,
je suis le Régional de l'étape. »
Thomas Voeckler à Bagnères-de-Luchon

« Aujourd'hui,
je suis le Régional de... Ah ben non,
Voeckler est déjà parti. »
Pierrick Fédrigo

E.P.O
EAU.PASTIS.ORGEAT

27

LE POT BELGE

Désigne… euh… le fait que les Belges ont toujours eu énormément de chance dans le cyclisme, comme l'illustrent les cas de Dirk Demol ou Johan Vansummeren remportant Paris-Roubaix par hasard. On peut toutefois reconnaître que la carrière de certains coureurs belges ne doit pas grand-chose au pot, si l'on pense à Thys, Van Looy, De Vlaeminck, Merckx ou Museeuw. Les Belges n'en ont donc besoin ni au pied des monts ni dans la plaine, du pot.

ON DIT :

« Mon duel avec Pantani, c'était le pot belge contre le Polti. »
Richard Virenque

ON DIT AUSSI :

« Moi, je suis plutôt la poisse néerlandaise. »
Johnny Hoogerland

« Du pot, non, mais j'avais Lavainne. »
Cyrille Guimard

« Du pot, non, mais j'avais le Bole. »
Le manager de Lampre

« Et moi, j'avais l'Apo. »
René Vietto évoquant Lazaridès

« J'apprécie l'impôt belge. »
Gérard Depardieu

MIKO
DAF
trucks
LEJEUNE

28

LA LANTERNE ROUGE

Surnom bien connu dont on affuble le dernier du classement général d'une course à étapes. Pour une course d'un jour, on indique plutôt que le coureur termine « bon dernier », en un curieux oxymore. La lanterne rouge ferait référence non pas à l'instrument éponyme qui ornait l'entrée des maisons de tolérance, mais à la lumière rouge arborée par le dernier véhicule d'un convoi. Loin d'être infamante, la place de lanterne rouge assure au coursier l'empathie du public – et de jolis contrats sur les critériums d'après-Tour.

ON DIT :

« Cette année,
pour finir lanterne rouge,
ç'a été le bordel. »
Jimmy Casper en 2005

ON DIT AUSSI :

« Ils m'ont fait prendre Helvetia
pour des lanternes. »
Gilles Delion

« Avant, j'étais lent,
terne et rouge. »
Piotr Ugrumov

« Les Ariostea ? À la lanterne ! »
Igor (D) Anton

« J'ai fait plus pour la lanterne rouge
que ma tante Marthe. »
Pascal Richard

« Et en plus c'est de la même couleur
que mon Petit Livre. »
Ji Cheng au Tour 2014

Giro

29

LA SCIENCE DE LA COURSE

Qualité d'un coureur rompu aux subtilités des compétitions et aux codes du peloton. Il est capable de deviner que Nijdam va sortir à la flamme, quand Chavanel va être repris, à quel moment passeront les gars de l'UCI. Malgré des spécialistes de toutes disciplines (chimie : Casper, chimie : Engoulvent, maths : Goss, big maths : Auber...), ce n'est pas demain qu'ils obtiendront le Prix Bobet. Un coureur Bardet de diplômes peut toutefois expliquer d'étranges phénomènes scientifiques, comme l'émergence d'un bon Péraud oxydé.

ON DIT :

« C'est vrai qu'on me surnomme "Paulo-la-Science", et sans doute est-ce depuis la fois où j'ai narré la fabuleuse épopée d'Eugène Christophe en 1913. Souvenez-vous, Eugène Christophe, forgeron de son état, court le Tour de France et brise la fourche de sa bicyclette à Sainte-Marie-de-Campan, charmante bourgade des Hautes-Pyrénées connue pour son église Saint-Jean-Baptiste du XVIe siècle. Figurez-vous que le jeune homme marche courageusement pendant 15 kilomètres, assoiffé, et s'installe dans la forge du sieur Joseph Bayle, où, là, sans assistance, il répare lui-même sa fourche, dans la fournaise de l'âtre de... ah, au temps pour moi, c'est l'arrivée. »

Jean-Paul Ollivier

ON DIT AUSSI :

« En vélo, je suis la conscience de la Corse. »

Dominique Bozzi

« J'ai étudié cent dix quasars. »

Jean-Patrick Nasa

« J'ai donné Maxime Monfort à la science. »

Alain Gallopin

« À force de ne faire qu'attendre, j'avais la patience de la course. »

Alex Zülle

ASTANA
air astana

30

ÊTRE DANS LE ROUGE

Triste sort du coureur pas verni qui, voulant s'accrocher aux meilleurs dans une montée, dépasse tout à coup ses limites physiques et se retrouve épuisé, exsangue. S'étant mis dans le rouge, il pâlit, voire verdit – et c'est pas le moment de Rigoletto. D'aucuns s'accomplissent dans le rouge, comme Saint-Julien Simon, Saint-Estèphe Clément, Nuits-Saint-Georges Hincapie, Juliénas-bsalon. Pinot transcende même le rouge lorsqu'il est noir. Au final, un seul coureur demeura sublime dans le rouge : Jaja.

ON DIT :

« Bizarrement, c'est quand j'étais dans le rouge que j'ai pris le maillot rose. »
Luc Leblanc

ON DIT AUSSI :

« À l'US Postal, le train bleu mettait tout le monde dans le rouge. »
Frankie Andreu

« Moi, je me trouve bien dans le rouge. »
Nacer Bouhanni au Giro 2014

« Quand j'ai des bleus, je courrais bien chez Carmin. »
Yury Trofimauve

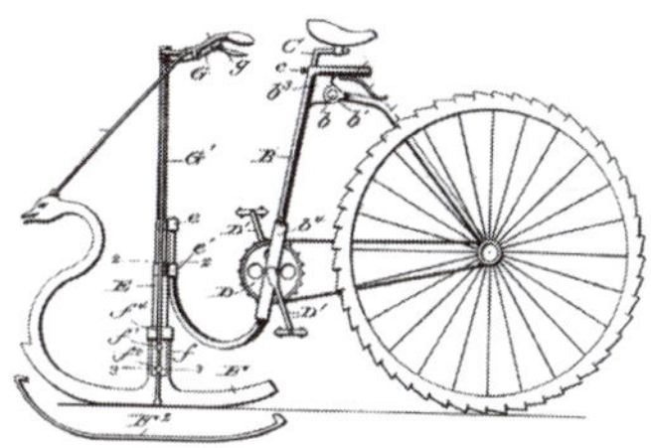

« On est dans Rackham-le-Rouge ! »
(Hubert) Dupont et (Thierry) Hupond

VOITURE • BALAI
L'EQUIPE
Le Parisien
PLASTIQUE Gilac

31

LA VOITURE-BALAI

Mythique véhicule qui, tel un spectre, suit les queues de peloton et recueille les coureurs épuisés qui mettent pied à terre. Sorte de corbillard à cyclistes, la voiture-balai est la hantise des lâchés, mais aussi le salut des blessés. Or, plus les leaders essorent, plus la voiture balaie. Les illusions, à l'instar des poussières, finissent sous le tapis, ou sous le Tapie pour LeMond en 1985. Le lendemain, les coureurs balayés manquent à la pelle.

ON DIT :

« Hélas, j'ai fini dans la voiture-balai le lendemain de Sorcières-Merlette. »

Luis Ocaña en 1971

ON DIT AUSSI :

« Quand je suis en danseuse, on m'appelle "la Voiture-Ballet. »

Jérôme Opel

« J'y ai vu Gérard Rué dans les brancards. »

Le docteur Porte

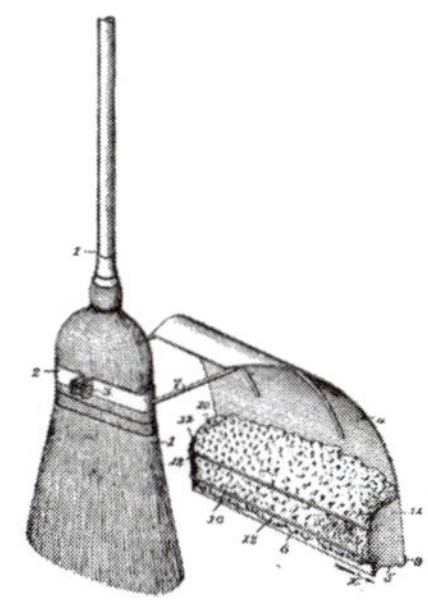

« Cyril, tu t'y prends comme un manche ! »

Jean-René Bernaudeau à Cyril Gautier

« Tiens, moi aussi je passe derrière le Tour et je suis coiffé en brosse ! »

Gérard Holtz

CERAMICHE
REFIN
MOBILVETTA
ASSISTANCE
DIRECTION

32

CLAQUER UNE COURSE

Synonyme de remporter. Dire que l'on a claqué une course ajoute à la victoire une nuance de panache et d'autorité, comme si l'on assénait une gifle à ses adversaires. La métaphore du coup de feu qui claque inspira nombre de surnoms de coureurs (« le Grand Fusil » pour Géminiani ; « le Pistolero » pour Contador ; John « Dégaine-Colt », « le Percuteur » pour Abdoujaparov ; « la Détente » pour Andy Schleck). En revanche, l'expression ne comporte aucun allusion aux claques qu'éclairait une lanterne rouge*.

ON DIT :

« J'ai claqué trois étapes et le beignet à Cavendish. »
Marcel Kittel en 2013

ON DIT AUSSI :

« Et à l'arrivée, j'étais même pas claqué. »
Floyd Landis en 2006

« Et là "le Criq" claque. »
Claudy Criquielion à Barcelone en 1984

« Qu'est-ce qu'on claquait, chez les Baffi. »
Pierino, Adriano et Piero Baffi

« Et j'aurais claqué 150 000 euros pour cette course ? »
Alexandre Vinokourov à Liège en 2010

« Le palmarès de mes tontons ? Flingué ! »
Tony Gallopin en 2014

Škoda
SAXOBANK
31

33

METTRE UNE MINE

Accélérer violemment dans une portion pentue pour distancer ses adversaires. Dans un duel, il n'est pas rare que, au moment où l'un des coureurs met une mine, l'autre prenne un éclat*, voire explose lorsque le fuyard dynamite la course. Ce dernier, s'il ne s'emmêle pas les rayons, file d'un trait vers la ligne. Dominant, il s'y illumine, cependant que l'autre, miné, fulmine et rumine. Lorsque Spruch met une mine, on dit que Zbigniew bombarde.

ON DIT :

« J'ai mis une mine à Minard. »
Amaël Moinard

ON DIT AUSSI :

« J'ai mis une mimine à l'hôtesse. »
Peter Sagan

« Le vélo, c'est pas la mine. »
Jean Stablinski

« J'ai carrément mis une rafale. »
Rafal Majka

« J'étais nanti et personnel. »
Bjarne Riis

« J'ai mis tant de mines à Roubaix qu'on peut le dire : au Nord, j'étais l'écœurant. »
Tom Boonen

StRAPHAEL
MERCIER
HUTCHINSON
BP

34

FAIRE DEUX

Raccourci signifiant que l'on a terminé à la deuxième place d'une course. Ainsi, faire deux ne sonne pas comme un échec, mais comme un honorable accessit – sauf en poursuite individuelle, où celui qui fait deux est aussi lanterne rouge*. Oscar Pereiro et Andy Schleck peuvent témoigner de l'intérêt de faire deux, par les temps qui courent, eux aussi. C'est pourquoi faire deux s'inscrit dans les bons comptes de Péraud.

ON DIT :

« Avec Greg, on ne faisait qu'un, mais je ne comprends toujours pas pourquoi j'ai fait deux. »
Bernard Hinault en 1986

ON DIT AUSSI :

« Ben quoi, c'est pas ça, le principe ? »
Raymond Poulidor

« J'ai fait deux fois deux. »
Geoffroy Lequatre

« C'est marrant,
dès qu'il fait chaud,
les Miko font deux. »
Jean de Gribaldy

« J'ai fait deux, là, Mayo. »
Samuel Sanchez à Iban Mayo à La Flèche wallonne 2006

« Ah bon ?
Moi aussi ! »
Jan Ullrich

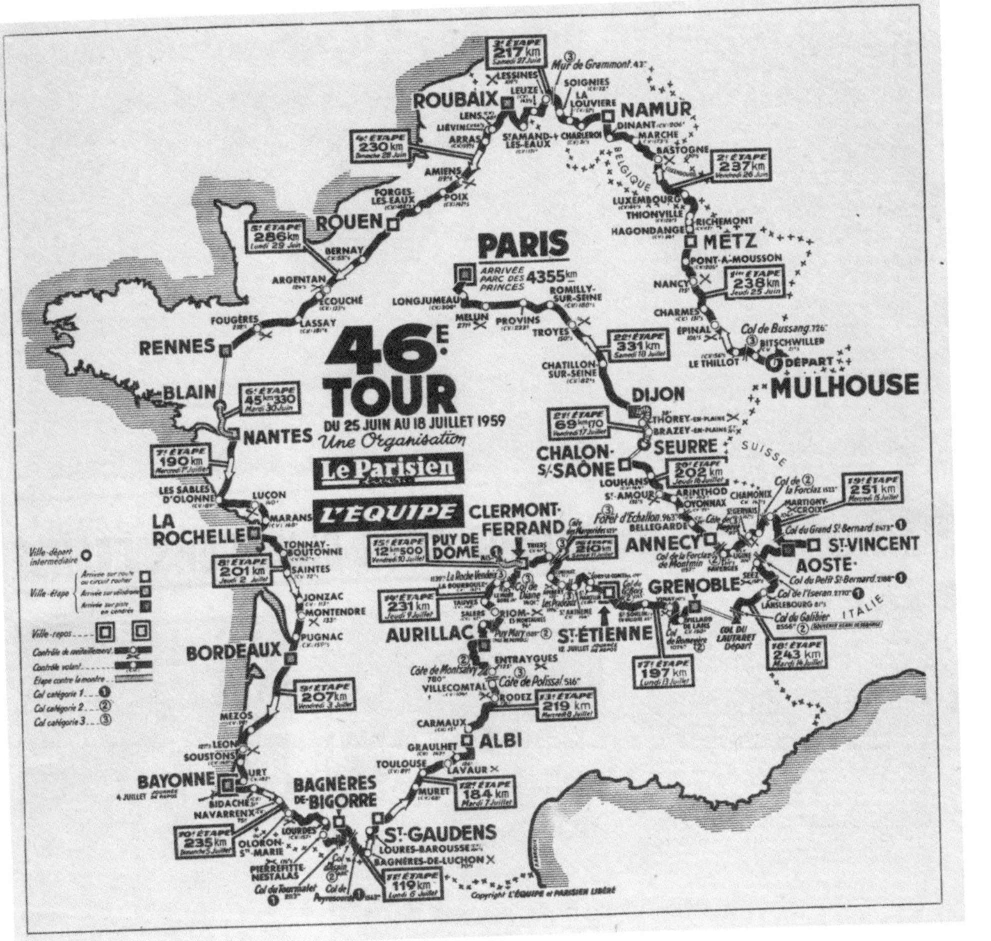
46E TOUR
DU 25 JUIN AU 18 JUILLET 1959
Une Organisation
Le Parisien
L'ÉQUIPE
PARIS
ARRIVÉE PARC DES PRINCES
4355 km
MULHOUSE
DÉPART
METZ
NAMUR
ROUBAIX
ROUEN
RENNES
BLAIN
NANTES
LA ROCHELLE
BORDEAUX
BAYONNE
BAGNÈRES DE-BIGORRE
ST-GAUDENS
ALBI
AURILLAC
CLERMONT-FERRAND
PUY DE DÔME
ST-ÉTIENNE
GRENOBLE
ANNECY
ST-VINCENT
AOSTE
DIJON
CHALON-S/-SAÔNE
SEURRE
BELGIQUE
LUXEMBOURG
SUISSE
ITALIE
1re ÉTAPE 238 km Jeudi 25 Juin
2e ÉTAPE 237 km Vendredi 26 Juin
3e ÉTAPE 217 km Samedi 27 Juin
4e ÉTAPE 230 km Dimanche 28 Juin
5e ÉTAPE 286 km Lundi 29 Juin
6e ÉTAPE 45 km 330 Mardi 30 Juin
7e ÉTAPE 190 km
8e ÉTAPE 201 km Jeudi 2 Juillet
9e ÉTAPE 207 km Vendredi 3 Juillet
10e ÉTAPE 235 km Dimanche 5 Juillet
11e ÉTAPE 119 km Lundi 6 Juillet
12e ÉTAPE 184 km Mardi 7 Juillet
13e ÉTAPE 219 km Mercredi 8 Juillet
15e ÉTAPE 12 km 500 Vendredi 10 Juillet
16e ÉTAPE 231 km Jeudi 9 Juillet
17e ÉTAPE 197 km Lundi 13 Juillet
18e ÉTAPE 243 km Mardi 14 Juillet
19e ÉTAPE 251 km Mercredi 15 Juillet
20e ÉTAPE 202 km Jeudi 16 Juillet
21e ÉTAPE 69 km 170 Vendredi 17 Juillet
22e ÉTAPE 331 km Samedi 18 Juillet
Mur de Grammont 43 m
Col de Bussang 726 m
Col du Grand St Bernard 2473 m
Col du Petit St Bernard 2188 m
Col de l'Iseran 2770 m
Col du Galibier 2556 m
Col du Tourmalet 2115 m
Col de Peyresourde 1563 m
Côte de Montsalvy
Côte de Polissal 516 m
Forêt d'Echallon 963 m
Ville-départ intermédiaire
Ville-étape
Ville-repos
Contrôle de ravitaillement
Contrôle volant
Étape contre la montre
Col catégorie 1
Col catégorie 2
Col catégorie 3
Copyright L'ÉQUIPE et PARISIEN LIBÉRÉ

35

COCHER UNE ÉTAPE

Fait de déterminer à l'avance l'étape au cours de laquelle on compte s'illustrer. Dès que le parcours est dévoilé, le coursier ambitieux coche et re-coche, qui la plaine, qui la montagne, qui le chrono. Lors de l'étape cochée, il arrive qu'il fouette. Lorsque plusieurs coureurs choisissent la même, on dit qu'il y a querelle de cocher. Lorsque Voeckler coche des étapes, on trouve plus de croix qu'au pardon de Tréguier.

ON DIT :

« Je l'avais cochée,
mais j'ai loupé le coche. »
Sylvain Chavanel

ON DIT AUSSI :

« Je leur ai
décoché Flecha. »
Le manager de Rabobank

« J'ai vu sans cesse
mon capitaine cocher. »
Les coéquipiers de Peter Sagan en 2014

« J'ai vu Porte cocher. »
Dave Brailsford

« Et moi Erik cocher. »
Mme Breukink

36

LE TOUR À L'EAU CLAIRE

Utopie des naïfs ou constat des suiveurs, l'expression désigne l'idée que le Tour est couru sans le moindre recours aux produits dopants, ce qui, selon Coluche, impliquait que les coureurs s'élançassent à Noël. Selon cette formule, les coureurs n'ingurgiteraient que de l'eau fraîche, et éventuellement de l'amour, tels Coppi et sa Dame blanche. Force est de constater qu'après des années à l'eau lourde, l'eau s'est considérablement clarifiée dans le peloton. Rafraîchissant.

ON DIT :

« J'ai fait le Tour
à l'eau claire, mais c'était
de l'eau de Lourdes. »
Vincenzo Nibali à Hautacam en 2014

ON DIT AUSSI :

« Là-dessus, j'avais un avis clair. »
Greg LeMond

« C'est clair
comme de l'eau de moi. »
Stephen Roche

« À l'eau claire, je gagnerai
Milan-San Pellegrino. »
Marcel Vittel

« C'est mon tour ? »
Daniel Lauclair

TI-RALEIGH
83
LEIGH

37

PRENDRE UN ÉCLAT

Subir un important retard à la suite, le plus souvent, d'une défaillance soudaine. Logiquement, c'est lorsque le coureur explose qu'il prend un éclat. L'éclat peut provoquer bien des dommages collatéraux : montée des clameurs, fermeture des clapets, fracture des clavicules, victoire de Claveyrolat. Quand certains prennent des éclats, d'autres remportent des victoires par trop éclatantes, dont ils sortent criblés – s'ils étaient ciblés.

ON DIT :

« À la chasse aussi,
j'ai pris un éclat. »
Greg LeMond

ON DIT AUSSI :

« Vers l'Alpe d'Huez,
j'ai pris Riblon dans l'aile. »
Tejay van Garderen en 2013

« Quand je brille,
c'est grâce
à l'éclat des Sastre. »
Carlos Sastre

« Avec mon *London Calling*,
j'ai repris les Clash. »
Marcel Kittel en 2014

« J'ai pris un éclair. »
Jan Ullrich

38

SE GARER

Fait, pour un équipier, de couper son effort après avoir emmené son leader en montée et de se déporter sur un côté de la route. Le coureur qui se gare va encaisser huit ou dix minutes au général, mais qu'importe : il a rempli sa mission et il lui faut déjà recharger les accus pour l'étape du lendemain. S'il s'agit de nouveau d'une étape montagneuse, il mènera encore le train et se regarera en un instant, forçant l'admiration des cheminots.

ON DIT :

« Quand pour le chef, j'me gare, j'ai l'impression d'être cocu. »
Christopher Froome évoquant Bradley Wiggins

ON DIT AUSSI :

« De toute façon, la montagne, c'est pas mon créneau. »
Michele Scarponi

« Non, ce n'est pas à moi, tout ça, je venais juste garer la voiture de ma belle-mère. »
Raimondas Rumsas

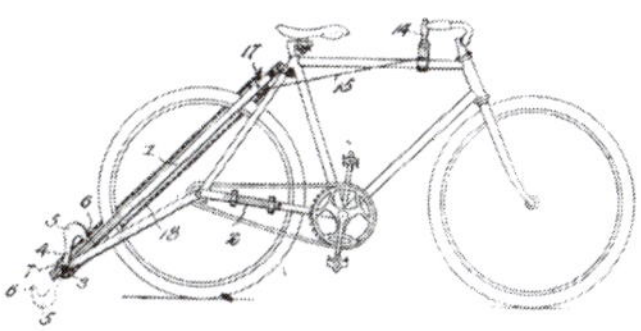

« Europcar, comme sponsor, c'est sympa, mais on ne sait jamais où ils ont garé la voiture de location. »
Jean-René Bernaudeau

« Je me suis égaré. »
Philippe Bouvatier en 1988 à Guzet-Neige

TVM

39

FROTTER

Action des coureurs consistant à se toucher en pleine course, épaule contre épaule, à toute vitesse, pour remonter le peloton ou se positionner en vue d'un sprint massif. La pratique n'est pas sans risques, raison pour laquelle le fait de frotter est réservé aux costauds et parfois aux inconscients. Aux jeux Olympiques de Londres, pour devenir le seigneur des anneaux, Vinokourov n'eut qu'un mot d'ordre : « Frottons ! »

ON DIT :

« J'ai frotté quand Gerrans a essayé de gratter. »
Mark Cavendish à Harrogate en 2014

ON DIT AUSSI :

« J'utilise Geniez sans frotter. »
Marc Madiot

« Vu qu'il est anglais et qu'il n'arrête pas de frotter, on appelle Cavendish "le Scotch Brit". »
André Greipel

« Vu mes antécédents, je suis l'amiral de la frotte. »
Mark Renshaw

« En déposant Voeckler et Gautier, j'ai récuré deux chamarrés. »
Michael Rogers à Bagnères-de-Luchon en 2014

MULHOUSE
8 V
BIC
BIC

40

SE REFAIRE LA CERISE

Manière de dire qu'un coureur reconstitue ses forces en peu de temps et se remet d'aplomb après un passage à vide, par exemple durant la journée de repos. En compote le dimanche, il flambe le mardi et va cueillir l'étape en gagnant d'un noyau. Lorsque le phénomène prend les proportions de Floyd Landis, on dit : « se refaire la pastèque ». Certains, ayant mis la grille haute sans pouvoir se refaire la cerise, n'en ont que des queues.

ON DIT :

« Je me suis refait la cerise, mais pour des prunes. »
Arnaud Démare en 2014

ON DIT AUSSI :

« Marino, c'est la cerise sur Oscar Gatto ! »
Le manager de Cannondale

« Pour me refaire la cerise, je ne prenais que de l'eau-de-vie. »
Kim Kirsch (en)

« Je me suis fait la cerise – celle qui était dans la forêt-noire. »
Jan Ullrich

« Vous pouvez arrêter, avec cette expression ? »
Cerise (de Groupama)

ÉRIA
142

FIAT
TI-RALEIGH
GREGOR
POULAIN
LANO
TAPIS

41

ASSOMMER LA COURSE

Réaliser une performance si impressionnante qu'elle annihile tout suspense et garantit quasiment la victoire finale. Ainsi de Louison Bobet, le boulanger de Saint-Méen, qui n'hésitait pas à mettre des pains pour assommer la course. Ou des stars qui, chez Hutchinson, laissaient groggy les bons boyaux. Un crétin, prenant l'expression au premier degré, a réellement assommé Merckx dans le Puy-de-Dôme en 1975. Assommant.

ON DIT :

« J'assommais.
Maintenant, j'assume. »
Lance Armstrong

ON DIT AUSSI :

« J'ai tellement survolé l'étape qu'on m'a surnommé "l'Assommoir d'Isola". »
Tony Rominger à Isola 2000 en 1993

« J'ai sommé le directeur de course. »
Bernard Hinault à Valence-d'Agen en 1978

« Je me suis fait assommer, regardez mon œil. »
Bryan Coquard

« Paf, paf, paf et re-paf. Un vrai Requin-marteau. »
Vincenzo Nibali en 2014

Europcar
Europcar
Europcar
somfy
omfy.

42

LE COUP DE BUIS

Défaillance subite d'un coureur, pouvant être due à une fringale* ou à un coup de chaleur. Le coup de buis s'assimile au coup de bambou, ce qui prouve que le végétal sied rarement au cycliste – à l'exception de la vanille et de la mûre, pour Chazal. Le nom de ce coup provient de l'arbuste ainsi désigné, dont le bois brillant est, par exemple, utilisé pour fabriquer les pièces des jeux d'échecs. Parmi celles-ci, on trouve le Roi Mario, la petite Reine, Jean-II-la Tour ou le Fou de Basso.

ON DIT :

« Beau coup de buis pour Rein ! »
Yvon Sanquer évoquant Taaramäe

ON DIT AUSSI :

« Mes coups de buis sont ardents. »
Jesus Manzano

« J'ai souvent fait le coup de Huy. »
Davide Rebellin

« J'ai souvent fait le coup de Rui. »
Rui Costa

« La vérité est au fond du buis, pas vrai ? »
Laurent Dufaux

43

SALER LA SOUPE

Subtile manière de qualifier le fait de se charger en vue d'une course, autrement dit d'ingurgiter des produits dopants. Le coureur qui sale la soupe espère éviter de prendre un bouillon. C'est pourquoi il s'assaisonne ainsi, assassinant le suspense. Certes, si ça se sait, il cesse de se saler, suspend sa saison, se repent à la presse et ressasse. Attention toutefois à l'incident mécanique : à force de sodium, la gomme mord.

ON DIT :

« Ouh là, jamais plus de 60 % de sel dans la soupe ! »
Bjarne Riis

ON DIT AUSSI :

« Je n'aime que le sel de Gerrans. »
Stuart O'Grady

« Robert Horner, c'est mon pote âgé. »
Rui Costa

« On me surnomme "Mimosa" parce que je suis une fleur de selle. »
Sylvain Chavanel

« Même mes cheveux ne sont pas poivre et sel. »
Geoffrey Soupe

44

DURCIR LA COURSE

Fait de renforcer subitement l'allure du peloton en faisant rouler son équipe, pour fatiguer ses adversaires et opérer la sélection dans le groupe des favoris. La difficulté de l'exercice consiste à durcir la course sans se mettre dans le dur. Le durcissement peut être l'œuvre d'un vrai dur – comme Roche – ou d'un vain doux – comme Pinot. La réciproque est d'ailleurs vraie, car, sitôt qu'ils la durcissent et qu'ils l'endurent, la course endurcit les coureurs.

ON DIT :

« Je n'arrêtais pas de la durcir. »
Charly Gaul

ON DIT AUSSI :

« Il nous fallait Demol pour durcir la course. »
Eddy Planckaert

« C'est pas si dur, Sir, la course. »
Christopher Froome à Bradley Wiggins en 2012

« En course, Brice est dur de la Feillu. »
Romain Feillu

« Quand les gars de Pantani ont durci la course, j'eus préféré qu'ils l'amadouassent. »
Laurent Madouas à l'Alpe d'Huez en 1995

« Pendant que je durcis la course, Mollema devise. »
Andy Schleck

45

ÊTRE DANS LA PAMPA

Situation difficile du coureur qui, victime d'un incident mécanique, d'une fringale* ou d'un coup de buis*, ayant pris un éclat*, se retrouve totalement isolé, loin du peloton. L'image renvoie à la pampa située en Argentine, même si Argentin se trouvait rarement dans la pampa. Alternativement, le coureur isolé sera dans les (Quick) steppes, dans les landes (Ys), dans les (Lam) prés, ou dans la forêt colombienne s'il s'agit de Betancur.

ON DIT :

« Je suis en pleine pampa et même pas un GPS, ça vaut bien le coup d'être chez Garmin. »
Andrew Talansky en 2014

ON DIT AUSSI :

« L'homme de la pampa, parfois rude, reste toujours courtois, mais la vérité m'oblige à te le dire : ton Virenque commence à me les briser menu ! »
(Pascal) Lino

« Para bailar en la pampa se necesita una poca de Garcia-Acosta. »
Miguel Indurain

« Dans la pampa ? C'est le pompon ! »
William Bonnet

« J'étais dans la boue et Moser loin de la pampa. »
Roger De Vlaeminck à Roubaix en 1979

46

LE MAILLOT ARC-EN-CIEL

Désignation usuelle du maillot de champion du monde, porté pendant une année par le vainqueur du Mondial sur route ou sur piste. Il tire son nom de la bande multicolore qui le ceint – et le champion en est auréolé. Une légende veut qu'il porte la poisse à son porteur, lequel serait maudit et ne gagnerait plus rien. Une autre veut que l'on trouve un chaudron rempli de pièces au pied de l'arc-en-ciel, ce qui donne une idée des gains du champion du monde, ou, quand Cavendish y courait, de Mark en Sky.

ON DIT :

« Après mon troisième titre, on m'appelait "le Rainbow Warrior". »
Oscar Freire

ON DIT AUSSI :

« Nous, on a le maillot Aurore-Boréale, c'est pas un peu voyant ? »
Les coureurs de Cannondale

« Après mon titre, j'ai été l'irisé de tout le peloton. »
Romans Vainsteins

« J'ai gagné aux Arcs en selle. »
Luc Leblanc en 1996

« Désormais, je fais mes remarques en ciel. »
Laurent Fignon

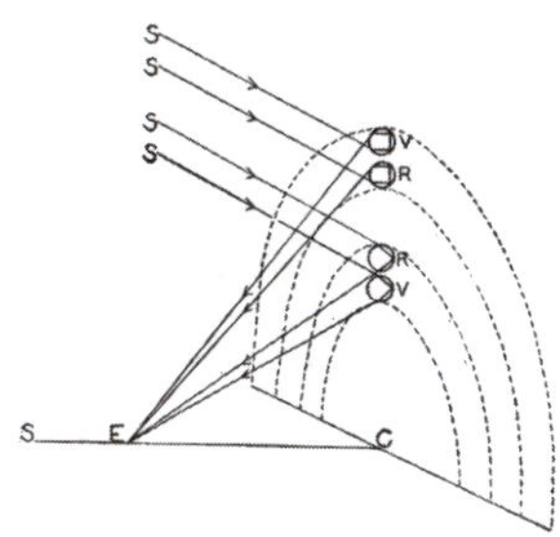

BP
BP
115

47

PASSER PAR LA FENÊTRE

Être subitement décramponné d'un groupe et perdre par la même occasion énormément de temps. L'expression, cruelle, sanctionne surtout le coursier défaillant dans une montée, battu par des battants, éjecté loin des premières glaces. Il ne lui reste plus qu'à les observer, de sa fenêtre sur coureurs, et à faire le critérium de Lisieux pour pleurer. Dans le Puy-de-Dôme, en 1964, même Anquetil passa par la fenêtre sous les assauts de Poulidor, le violet roulant.

ON DIT :

« À force de mettre
les poignées, j'ai fait passer
Porte par la fenêtre. »

Vincenzo Nibali à Chamrousse en 2014

ON DIT AUSSI :

« Chez Fagor, personne ne passait
par la fenêtre. À part Brandt. »

Stephen Roche

« Je suis passé par la terrasse. »

Thomas Voeckler en 2011

« Qu'est-ce que
Lemarchand branle ? »

Roger Legeay

« On a inventé le vélo
luxembourgeois qui passe
par la fenêtre tout seul : le Velux. »

Les frères Schleck

CAMPAGNOLO
BORA ULTRA
COLNAGO
Europcar
VENDÉE

48

SE FAIRE LA CAISSE

Accumuler les kilomètres lors des sorties d'entraînement, afin d'acquérir de la résistance. Le coureur enregistre les bornes, emmagasine l'itinéraire, bouffe du pavé. De la sorte, il encaisse mieux en course et rend la monnaie de leur pièce à ses rivaux. À l'heure des comptes, il empoche les prix et peut s'offrir, entre autres, une bagnole. Pour ceux qui veulent se faire la caisse en faisant la descente*, mieux vaut ne pas descendre comme une caisse à savon – et pas seulement à La Pomme-Marseille.

ON DIT :

« Quand je me fais la caisse, je m'épargne. »
Alejandro Valverde

ON DIT AUSSI :

« Je me suis pris la caisse. »
Thomas Voeckler en 2014

« Je me suis fait un Kas. »
Sean Kelly

« Je me suis fait la caissière de chez… »
Jean-Claude Leclercq

« Allez, j'emmène le grand braquer. »
Evgueni Mesrine

49

FAIRE LA DESCENTE

Stratégie du coureur qui choisit d'accélérer dans la descente d'un col. Il prend alors tous les risques, étendu sur sa machine, virevoltant, coupant les virages, rasant les parapets. Plusieurs coureurs furent ou sont de véritables spécialistes de la descente (Aimar, Hushovd, Nibali). D'autres, en revanche, quoique excellents grimpeurs, y sont tétanisés par la peur. Ainsi de Bahamontes, vraie angoisse, ou Pinot, simple flip.

ON DIT :

« Vu que je virais comme une cathédrale, je faisais des descentes de croix. »
Eddy Seigneur

ON DIT AUSSI :

« Bonjour les Cofidis ! On fait une descente. »
Les policiers de l'Ain en 2012

« Que voulez-vous, en Sicile, on a l'habitude de descendre. »
Vincenzo Nibali

« Ouh là, je sens que je vais faire une descente, je peux emprunter votre camping-car ? »
Arnaud Démare en 2014

« J'avais une sacrée descente. »
Andy Schleck

Terraillon
131

50

BOUCHER UN TROU

Combler un écart au prix d'un effort intense, afin de revenir sur des coureurs échappés ou de réincorporer le peloton après un incident mécanique. S'il s'agit d'une crevaison, on bouche le trou après avoir rebouché le trou. En bouchant, le poursuivant en bouche un coin à l'échappé, bouche bée, qui croyait avoir fait le trou. Non, par contre, ne comptez pas sur nous pour faire la vanne avec Fignon.

ON DIT :

« Dans Paris-Camembert,
j'ai bouché un trou normand. »
Laurent Brochard

ON DIT AUSSI :

« Pour gagner
la Doyenne, les gars,
bouchons à Liège ! »
Alejandro Valverde

« Dans ce trou,
je me suis charcuté. »
Alberto Contador au Tour 2014

« Je vais coucher au trou. »
Docteur Eufemiano Fuentes

« J'ai surtout bouché
des petits creux. »
Jan Ullrich

Renault
Campagnolo

51

SE METTRE À LA PLANCHE

Effort soutenu consenti par un coureur, pour son propre compte ou celui de son leader. Il s'agit souvent de revenir sur un groupe après avoir été distancé tréteau dans l'étape. Le coursier adopte alors une position quasi horizontale sur son vélo, façon planche. En guise de reconversion, poussé en cela par l'exemple de Gérard Holtz, il peut se mettre à monter sur les planches, surtout si son patronyme l'y prédestine, comme Alexis Vuillermoz.

ON DIT :

« Ils se mettent à la planche
et je suis le clou du spectacle. »
Vincenzo Nibali

ON DIT AUSSI :

« En tant que Pédaleur de Charme,
je me mettais
à la Planche-des-Belles-Filles. »
Hugo Koblet

« On m'a mis sur le plancher. »
Pascal Lino

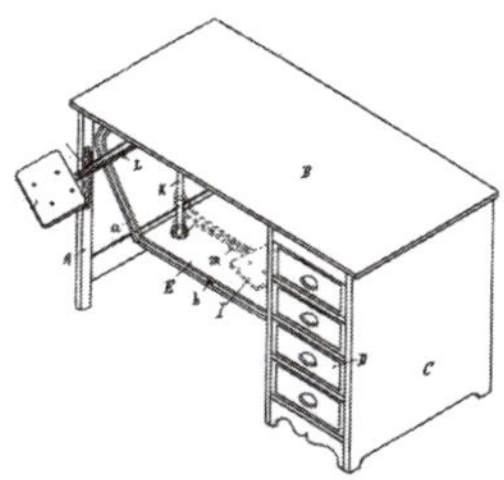

« Dans l'affaire Pantani, je recherche
celui qui lui a mis la blanche. »
Le procureur de Rimini

« J'étais très barbecue,
mais je me suis mis à la plancha. »
Jan Ullrich

B
C
C
H
D

52

METTRE TOUT À GAUCHE

Fait de placer le pédalier sur la position la plus à gauche, petit plateau grand pignon, soit le braquet le plus facile à emmener. Il faut alors mouliner, surtout dans les pentes aux pourcentages les plus élevés, inversement proportionnels aux scores de l'extrême gauche. Logiquement, on ne peut pas tirer un bout droit* en mettant tout à gauche. Il arrive, hélas, que des coureurs passent tout à gauche – même l'arme[1]. Cela illustre enfin le duel, tout à gauche, entre de lointains cousins de Jurgen et Graeme : François Roelandts et Martinn Obree.

ON DIT :

« J'ai mis tout à gauche pour rentrer dans Ax. »
Christopher Froome en 2013

ON DIT AUSSI :

« Bauer m'a mis tout à gauche ! »
Claudy Criquielion aux Mondiaux 1988

« Grâce à son maillot de champion de France, on voyait Darrigade rouge. »
Jacques Anquetil

« Tonton Aldo et moi, on n'aimait pas trop ces gars-là. »
Christophe Moreau

« Maître, j'ai tout gâché. »
Lance Armstrong à son avocat

1 : RIP Tom, Andreï, Fabio, Joaquim, Wouter et les autres.

PRESSE

53

BÂCHER

Fait d'abandonner une compétition en cours de course. Le coureur enfilant un imperméable bâche son maillot et ses espoirs. Il arrive que, pour autant, il ne bâche pas ses mots. Dans une course à étapes, les lâchés doivent tâcher de ne pas bâcher – ce serait gâcher. Mais même les coureurs orgueilleux, un beau jour, finissent par bâcher des vanités. Ainsi, lorsqu'il pleut en Allemagne, l'intempérie cherchant Berlin, les oisifs se bâchent pour courir.

ON DIT :

« Après Armentières, pendant quelque temps, j'ai eu du mal à bâcher. »
Laurent Jalabert

ON DIT AUSSI :

« Je vous le dis, face aux pressions internationales : Bachar bâchera. »
Laurent Fabius

« J'ai tellement de pied-à-terre qu'on m'appelle Kaufman & Broad. »
Mario Cipollini

« Ne nous bâchons pas ! »
(Laurent) Lefèvre à Konstantin (Siutsou)

« *Show me the K-way.* »
Daryl Imper

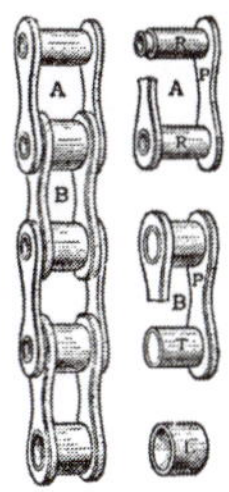

SPECIALIZED
LCL
le coq sportif
e Officielle

54

LE BIDON COLLE

Subterfuge désuet consistant, pour un coureur, à feindre de récupérer un bidon à sa voiture, en restant cramponné plus que de raison audit ustensile. De la sorte, le coureur se laisse tracter par le véhicule et s'économise pendant de longues secondes. Pratique ulcérant l'UCI, le bidon collé remplace avantageusement la feinte du soin dispensé par le toubib, homme-tronc à demi sorti de la voiture, tendant un pansement bidon à coller au coureur. Bidonnant.

ON DIT :

« Ah oui, tout était bidon. »
Bernhard Kohl

ON DIT AUSSI :

« C'était le système UHU. »
Cyrille Guimard

« Dès que j'ai eu terminé mon bidon, j'ai décollé. »
Michael Rasmussen

« Je leur ai collé Biden. »
Barack Obama

« Chez RAGT-Semences, on avait le guidon collant. »
Christophe Rinero

Helyett

55

LA SOCQUETTE LÉGÈRE

Sensation du coureur particulièrement en jambes, au coup de pédale facile et fluide. Aérien, il ne ressent plus même le poids de l'effort et caresse soyeusement ses pédales, à l'instar de David Millar s'extirpant d'une file d'Écosse. En montagne, avoir la socquette légère est un bon moyen pour laisser en bas les collants, ceux que Richie Porte jartait. Une variante consiste à dire que l'on a la socquette en titane, marquant ainsi la légèreté dudit métal, inversement proportionnelle au Ballon de Plomb.

ON DIT :

« J'avais la socquette légère, mais la conscience lourde. »
Lance Armstrong

ON DIT AUSSI :

« Quand je monte à l'assaut, Kate, elle gère. »
Le prince William

« Je suis insubmersible, avec ma socquette en titane, Nic. »
Alberto Contador à Nicolas Roche

« Café de Colombia, c'était pas du jus de socquette. »
Lucho Herrera

« Qu'est-ce qu'elle est légère et gaie, Rast, ta socquette ! »
Bob (Jungels) à Grégory Rast

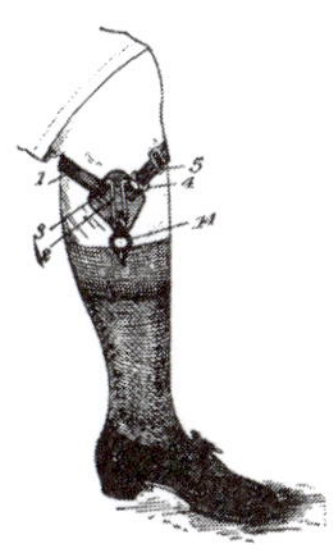

KODAK 400TX
45
400TX
lapierre.

56

FAIRE DES WATTS

Aptitude du coureur en pleine forme à développer une puissance importante sur son vélo. Cette unité de mesure étant devenue le mètre étalon de la force d'un coureur, il n'est pas rare d'entendre un costaud affirmer que c'est le watt qu'il préfère. La mesure des watts peut aussi conduire à soupçonner de dopage les coureurs excédant le seuil des 400 watts qui, à l'instar des 400 coups, s'il est haut, permet de débusquer les intrus faux.

ON DIT :

« En plus, en cas de souci alimentaire, mon cher, les watts sonnent. »
Brian Holm

ON DIT AUSSI :

« Ton passeport biologique présente des anomalies. »
« Des what ? »
Jonathan Tiernan-Locke

« Je fais des volts. »
Eric Wonderaerden

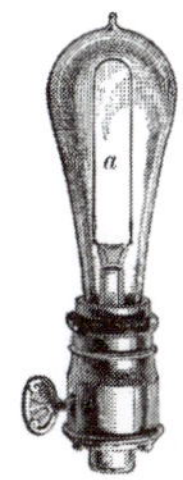

« Je fais des ampères, surtout ampères-fusion. »
Tyler Hamilton

« Je fais des bars. »
Andy Schleck

« Je fais des waterzoois. »
Jan Ullrich

LCL
LCL BANQUE

57

RATONNER

Refuser obstinément de prendre les relais dans un groupe d'échappés, se bornant à profiter indûment des efforts de ses acolytes. Le fautif est alors surnommé « rat », « raton » voire « ratagasse ». Celui-ci étant d'un naturel fourbe, il faut comprendre « blanc » lorsque le rat dit « noir ». Attendant l'ouverture éclair, le rat guette. L'issue est amorale s'il s'engouffre et que le rat vainc. C'est d'ailleurs ce que le rat quête. Fort heureusement, comme l'histoire se répète, le rat bâche*.

ON DIT :

« Pas un relais et je finis rincé. Un vrai raton laveur. »
Mère Denis Menchov

ON DIT AUSSI :

« C'est mon mot d'ordre à chaque championnat du monde : ratons ! »
Alejandro Valverde

« Quand il ratonne vers Roubaix, Terpstra t'agace ! »
Tom Boonen à Fabian Cancellara

« Dan Martin, Allan Davis Jr et moi, on forme le Rat Pack. »
Fabian Can-Sinatra

« Raté ! »
Sylvain Chavanel

htc
MILRAM

58

LA MAFIA

Coalition hétéroclite de coureurs d'horizons divers, nouant en course d'improbables alliances pour s'arroger la victoire ou en priver un rival. L'aréopage qu'ils forment est à la fois vilipendé, redouté et envié. La loi du silence y règne, jusque chez Omerta-Pharma. D'aucuns, plus probes, préfèrent rouler sur les bas-côtés que dans le Milieu. Il est pourtant indispensable d'être dans la Pieuvre, si Mattan t'accule sur le mont Ventouse.

ON DIT :

« J'ai quitté la Mafia quand j'ai affranchi la ligne. »
DeNiro Di Luca

ON DIT AUSSI :

« J'ai tout appris de mon parrain. »
Tony Gallopin

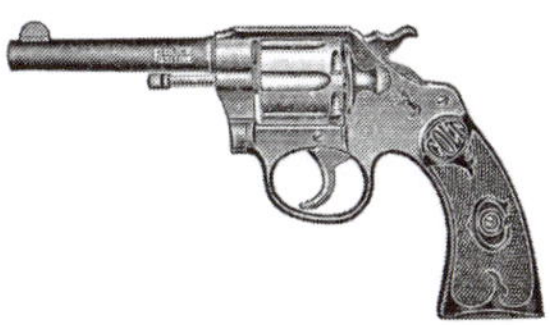

« Quand j'ai attaqué Hautacam au ras, vous avez vu le cran du Sicilien ? »
Vincenzo Nibali

« Eh oui, c'est encore Leon qui a l'patch Hinault. »
Luis Leon Sanchez

« Quelle French Collection ! »
Jean-Christophe Péraud et Thibaut Pinot sur le podium du Tour 2014

59

COINCER

Se montrer incapable de répondre à l'attaque d'un adversaire ou de suivre le rythme de ses congénères. S'il est un jour où l'on doit abdiquer, le coureur qui coince le doit. Coinçant une première fois, il peut néanmoins tenter un coup de poker dans la bataille, entre Vladimir Crapette et Luke Durbridge, mais soudain rebelote : coincé ! Si la cause est un pépin dorsal, on dit, comme Rolf Goethe, que ce sont les souffrances des jeunes vertèbres.

ON DIT :

« C'est curieux, j'ai l'impression qu'on est coincés. »
Le chauffeur du bus Orica GreenEdge

ON DIT AUSSI :

« Je me suis fait coincer. »
Philippe Gaumont

« Je me suis coincé. »
Hernie Kuiper

« Moi aussi, au Tour de Lombalgie. »
Maximilian Sciatique

« Quand je coince, ça couine. »
Freddy Maer-cury

AG2R LA
FOCUS
LCL

60

LA BONNE

Désigne l'échappée prenant forme après moult tentatives infructueuses, et destinée à aller au bout. Il faut prendre la bonne tôt, pour jouer sa carte sans se faire rouler. Celui qui part sous les auspices de la bonne sera même capable de grimper une côte de nuit. En revanche, il n'est point commode d'être à la mode quand on est la bonne du coureur. Car ce dernier a cela de commun avec les bourgeois d'avant-guerre qu'il ne rêve que d'une chose : être dans la bonne.

ON DIT :

« Comme on a pris la bonne, il y a du Bo, du Bon et du Bonnet. »
Bo Hamburger, Leon van Bon et William Bonnet

ON DIT AUSSI :

« J'ai tout appris à Bonn. »
Marcel Kittel

« Je suis abonné à la bonne. »
Alessandro De Marchi

« Mon tonton Jean a beaucoup écrit sur les Bonnes. »
Yohann Gene(t)

« À la bonne heure ! »
Jens Voigt

DÉFENS
DE
COUR
"FORD"

61

UN RAIDARD

Côte courte et casse-pattes, qui permet de creuser d'importants écarts en peu de temps. Le raidard surgit en général au milieu d'une zone assez plane, tels la côte de Cadoudal à Plumelec ou ce raidard redondant nommé le mur de Mûr (de Bretagne). Propice à une arrivée à son sommet, il sacre le puncheur qui aura attaqué le raidard très tôt. En revanche, pour les rouleurs, incapables d'avancer, on dit que le raidard fixe.

ON DIT :

« Un raidard
sinon rien ! »
Raymond Impastis

ON DIT AUSSI :

« Vous avez vu combien Ray dure ? »
Raymond Poulidor

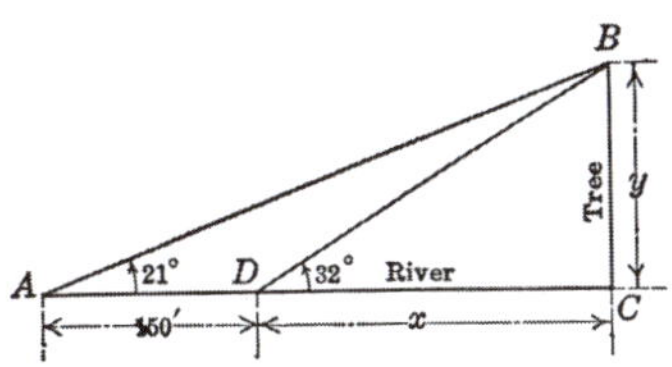

« Si la boxe est le noble art,
le cyclisme est le raide art. »
Sagan Ray Leonard

« J'aurais dû appeler
le RAID dare-dare. »
Jean-Marie Leblanc
pendant la grève des coureurs en 1998

« Maintenant,
ça s'appelle un Twix. »
Jan Ullrich

62

ÊTRE EN CARAFE

Accuser une méforme ou un coup de moins bien, au moment où la course est en train de se décanter. Le coureur, qui s'était cru grand, constate qu'il n'est plus ce qu'il fut. Le cuisseau terne, buvant le calice jusqu'à la lie, il se fait chambrer et comprend qu'il a fini d'écrire ses pages. Il ne lui reste plus qu'à s'aérer, en se mettant au vert, pour chasser le cafard d'avoir été en carafe.

ON DIT :

« Du haut de ma moto, j'en ai dépassé, des coureurs en carafe. »
Jean-Paul Bouchon

ON DIT AUSSI :

« J'ai signé mes aveux en paraphe. »
Lance Armstrong

« De peur d'être en carafe, j'éclusais des médocs. »
Bjarne Riesling

« À chaque chrono, je creuse l'écart à fond. »
Tony Martin

« Je suis dans *Magnum*. »
Bradley Higgins

FAEMA
FAEMA
FAEMA

63

UNE CLASSIQUE

Course appartenant à la catégorie des compétitions mythiques du cyclisme, dont chaque édition est impatiemment attendue par le public et les coursiers. Chacun d'entre eux va réviser ses classiques pour y faire entendre sa petite musique : de Simon Gerrans, le ténor Aussie, à Pascal Hervé, baryton, en passant par le petit Gallopin, Tony, soprano. Au masculin, l'expression désigne une œuvre de fiction devenue incontournable. Ainsi, si *Paris Texas* est un classique, Paris-Tours en est une. Et c'est moins loin.

ON DIT :

« On m'a déclassé des classiques. »
Lance Armstrong

ON DIT AUSSI :

« Liège. Attaque, douze minutes d'avance, gestion de l'effort, victoire détachée. Classique. »
Eddy Merckx

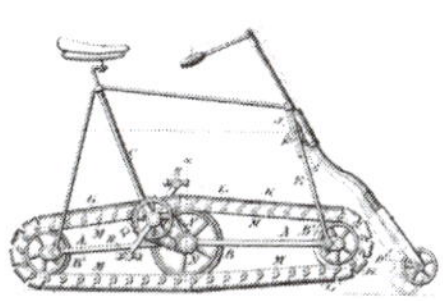

« Plouay. Attaque, chasse-patate*, repris à la flamme, pas loin ce coup-ci. Classique. »
Sylvain Chavanel

« *Le Gitan*, c'est à la fois un classique et plein de classiques. »
Roger De Vlaeminck et Daniel Guichard

« J'ai vaincu les caciques. »
Christian Prud'homme

Photo MIROIR-SPRINT Jacques ANQUETIL

Photo MIROIR-SPRINT Raphaël GEMINIANI

Louis Bobet

Jean Robic

64

LES BONNES JAMBES

Illustre l'état de grande forme d'un coureur un jour de course, annonciateur d'une offensive vouée au succès. De la hanche aux orteils, tout le membre inférieur frétille, un vrai festival de cannes. S'agissant néanmoins des coureurs attentistes, avoir les bonnes jambes leur fait une belle jambe. Un coureur flamboyant comme le pyromane Kreuziger dira plutôt qu'il a des jambes de feu.

ON DIT :

« Heureusement que j'avais les bonnes jambes, vu mon équipe de bras cassés. »
Vincenzo Nibali au Tour 2014

ON DIT AUSSI :

« Mince, c'est pas la bonne jambe. »
Oscar Pistorius

« Bardet est un très bon Péraud-né. »
Vincent Lavenu

« On s'est mis des bons jabs. »
Carlos Barredo et Rui Costa au Tour 2010

« J'ai les bons jambons. »
Jan Ullrich

65

ENVOYER LA SOUDURE

Opérer une démonstration de force au sein d'un groupe soudé, cherchant à impressionner ses congénères par sa puissance. Parfois, pour se forger un succès, le capitaine de route* envoie ses soudards envoyer la soudure. L'expression ne doit pas être confondue avec « faire la soudure », qui signifie réussir la jonction entre deux groupes. Et même, pour ceux qui se font dessouder, l'extrême-jonction.

ON DIT :

« À force d'envoyer la soudure, j'ai fini en tôle. »
Raimondas Rumsas

ON DIT AUSSI :

« Aux Mondiaux 2014, c'était notre maréchale, Ferrand. »
Bernard Bourreau, évoquant Pauline Ferrand-Prévot

« Sous des dehors doux, voyez, j'ai des dessous durs. »
Romain Bardet

« J'ai bien envoyé, à Issoudun. »
Mark Cavendish au Tour 2009

« On m'appelait "Dodo-la-Soudure". »
Dominique Arnould

REMERCIEMENTS À :

José pour le Tour TTS et ses rires,
Marie pour ses encouragements et son amour,
Chantal pour le Campagnolo et tant d'autres choses,
Esteban et Angelo, mes petits cyclistes,
Marie-José pour la passion du Tour,
Jean Bourlès pour Ax-les-Thermes 1957,
Emmanuel C. et Loïc D., mes premiers relecteurs,
Jérôme pour l'aventure des *Cahiers du Football*,
Le BOC, mes sauceurs de roue, d'être ce que nous sommes,

Et à tous les coureurs que j'ai admirés et admire encore,
du "Blaireau" à Bardet, en passant par Madiot, Duclos, Lucho, Jaja,
Mimosa, Moncoutié, Péraud ou Ti-Blanc.

EXCELL
EXCELL
CELL
XCELL
ELL
EXCE
E

Crédits photographiques :

Presse Sports : pages 6, 8, 10, 12, 14, 16, 18, 20, 22, 24, 26, 28, 30, 32, 34, 36, 38, 40, 42, 44, 46, 48, 50, 52, 54, 56, 58, 62, 64, 66, 68, 70, 72, 76, 78, 82, 84, 86, 88, 90, 92, 94, 96, 98, 100, 102, 104, 106, 108, 110, 112, 114, 116, 120, 122, 124, 126, 128, 130, 132, 134, 136, 138, 140, 142, 146

Panoramic : page 74

Jean-Marie Letailleur : pages 4, 60, 144, 148, 150

DR : pages 54, 80

Directeur : **Jean-Louis Hocq**
Responsable d'édition : **Benoît Bontout**
Assistante d'édition : **Chloé Herbin**
Graphisme, mise en pages et couverture : **Thierry Sestier**
Fabrication : **Emmanuelle Laine**

ISBN : 978-2-263-06914-7
Code éditeur : S06914
Dépôt légal : juin 2015
Imprimé en France par Loire Offset Titoulet

Retrouvez-nous sur www.solar.fr

Solar | un département **place des éditeurs**

place des éditeurs